_______________가 읽은
뽀로로 이야기책

키즈아이콘

키즈아이콘은 아이들의 꿈과
생각을 키우는 신나고 재미있는
책을 만듭니다.

뽀로로의
가짜 생일 파티

2019년 7월 19일 초판 1쇄 발행 | 2025년 9월 20일 초판 9쇄 발행

발행인 최종일 **발행처** (주)아이코닉스 **기획** 키즈아이콘
총괄책임 서현수 **편집 책임** 박정은 **편집** 장보원 조윤수 김예진 이유진
디자인 김미선 이순영 권혜원 경희정 **판면기획** 허찬 이혜원 **3D제작** 스튜디오게일
제작관리 신초희 박원현 이수란 김미래 **마케팅** 김미경 이창열 서연지 김민성 이경재 지승한 이미나 송호성 이지연
주소 경기도 성남시 분당구 판교로 255번길 64 **고객 센터** 1566-0855
출판등록 2008년 11월 4일(제 2014-000009호) **홈페이지** www.iconix.co.kr
뽀롱뽀롱 뽀로로 ⓒICONIX/OCON/EBS/SKbroadband
ⓒ2019 ICONIX Co., Ltd. All rights reserved. Printed in Korea.

뽀로로의 가짜 생일 파티

오늘은 크롱의 생일날이에요.
친구들은 크롱의 생일을 축하하기 위해 선물을 준비했어요.
"이제 생일 파티를 시작해 볼까?"

O N G
BIRTHDAY

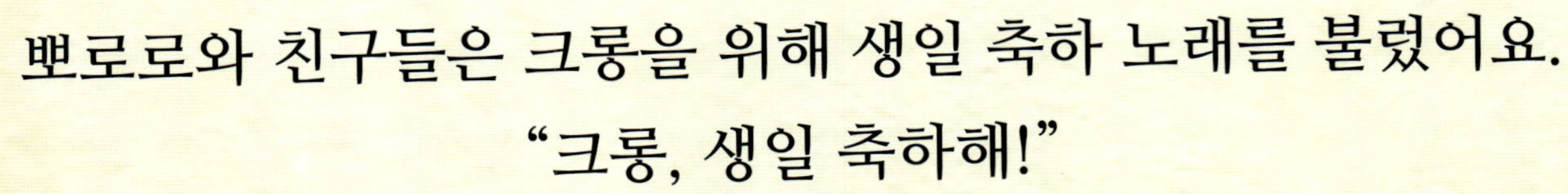

뽀로로와 친구들은 크롱을 위해 생일 축하 노래를 불렀어요.
"크롱, 생일 축하해!"
"고마워, 크롱크롱!"

생일 축하합니다 ♪ 생일 축하합니다 ♪
사랑하는 크롱의 생일 축하합니다 ♬

"크롱! 나랑 로디는
춤추는 로봇 장난감을 가져왔어."

"우린 커다란 생일 케이크를
만들어 왔어."

"해리랑 나는 크롱의
그림을 그려 왔어."

"나는 크롱이 좋아하는
장난감 기차를 준비했어."

친구들의 선물을 받은 크롱은
무척 기뻐했어요.

'나도 크롱처럼 선물을 많이 받고 싶어.'

'친구들이 나를 위한 파티도 해 주면 좋겠다!'

"애들아, 내일은 내 생일이야."
뽀로로는 자기도 모르게 불쑥 거짓말을 했어요.
"내일이 뽀로로 생일이라고?"
"그럼 내일은 뽀로로의 생일 파티를 열자!"

다음 날, 친구들은 뽀로로의 생일 파티를 준비했어요.
달콤한 케이크와 맛있는 과자를 굽고
악기를 연주하며 생일 축하 노래도 연습했어요.

뽀로로는 친구들에게 오늘이 생일이라는
거짓말이 들통날까 봐 가슴이 떨렸어요.
'지금이라도 거짓말이라고 솔직히 말할까?'

고민하던 뽀로로는 친구들에게
거짓말이라고 고백하지 않았어요.

잠시 후 친구들은 뽀로로를 위해 생일 파티를 열어 주었어요.
"뽀로로, 생일 축하해!"
뽀로로는 친구들이 준비한 선물을 받고 맛있는 음식도 맘껏 먹었어요.
그리고 어느새 거짓말을 했다는 사실을 까맣게 잊어버렸어요.
'매일매일 내 생일이었으면 좋겠어.'

"애들아, 다시 살펴보니 오늘이 아니라 내일이 내 생일이야."
뽀로로는 달력을 보여 주며 친구들에게 말했어요.
"뭐? 그럼 내일 다시 파티를 하자!"

19

다음 날, 친구들은 뽀로로의 생일 파티를 또 열었어요.
하지만 뽀로로는 그다음 날도, 또 그다음 날도
생일이라고 친구들에게 거짓말을 했어요.

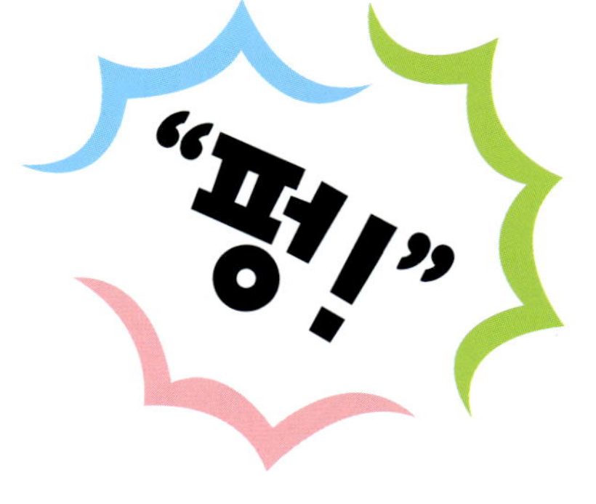

며칠 동안 계속된 뽀로로의 생일 파티에 친구들은 점점 지쳐 갔어요.
"오늘은 진짜 뽀로로 생일이 맞겠지?"

그때 뽀로로의 진짜 생일을 알고 있는 통통이가 놀러 왔어요.
"얘들아, 뭐 해?"
"뽀로로의 생일 파티를 준비하고 있어."
"이상하네. 뽀로로 생일은 아직 한참 남았는데?"

"이럴 수가, 뽀로로가 우리를 속였어!"
"뽀로로를 혼내 주자!"
뽀로로의 거짓말을 알게 된 친구들은 무척 화가 났어요.

잠시 후 뽀로로가 나타나자
친구들은 아무 일도 없었다는 듯이 생일 파티를 열었어요.
'오늘도 멋진 파티와 선물을 준비했네.'

"뽀로로, 거짓말을 하면 괴물이 나타나 생일을 빼앗아 간대."
에디의 말을 들은 뽀로로는 깜짝 놀랐어요.
"거짓말하면 평생 생일도 없이 혼자 외롭게 살아가게 된대."
루피도 뽀로로를 보며 이야기했어요.

그때부터 뽀로로는 괴물이 생일을 빼앗아 갈까 봐 조마조마해졌어요.
깊고 어두운 밤이 되자 창밖에서 요란한 소리가 들렸어요.
커다란 소리에 뽀로로는 깜짝 놀라 일어났어요.

'내 생일을 빼앗아 가려고 괴물이 나타났나 봐!'

뽀로로는 괴물이 무서워서 밤새 한숨도 못 잤어요.
"친구들에게 거짓말하지 말걸."
뽀로로는 거짓말한 것이 너무나 후회스러웠어요.

아침이 되자 뽀로로와 친구들은 다 같이 모여 밥을 먹었어요.
밤새 잠을 자지 못한 뽀로로는 꾸벅꾸벅 졸고 말았어요.

갑작스러운 해리의 고함 소리에 뽀로로가 깜짝 놀라 깨어났어요.
"잘못했어요! 앞으로 다시는 거짓말 안 할게요!"

하하하

"얘들아, 지금까지 너희에게
생일이라고 말한 건
모두 거짓말이었어.
정말 미안해!"

"뽀로로, 사실 괴물 이야기는 우리가 지어낸 거야.
이제 네가 잘못을 뉘우쳤으니까 모두 용서해 줄게."

"얘들아, 고마워. 이제 거짓말하지 않을게."
뽀로로는 친구들 앞에서 큰 소리로 다짐했어요.

뽀로로, 거짓말을 고백하고 나니
한결 마음이 가벼워졌죠?